1er Août 1939   N° 516

Mise à Jour

de

Impôt sur les Bénéfices

des

professions non commerciales

et

des charges et offices

Le présent fascicule annule et remplace la brochure de mise à jour N° 506 en date du 1er juin 1937.

Page 10.

Ajouter à la fin de cette page :

CHAPITRE VII.

Page 16.

Compléter comme suit le n° 4 ter :

	Années	Taux	Lois qui les ont établis
1o Charges & Offices	1936 & 1937	12 0/0	Lois des 31-12-1935 et 31-12-1936.
	1938	15, 12 0/0	Décrets-lois des 8-7-1937 et 2-5-1938.
	1939	16 0/0	Décret-loi du 12 novembre 1938.
2o Autres professions non commerciales		comme ci-dessus.	

Page 22.

N° 8. — Dernière ligne du 2e alinéa. Lire ainsi la parenthèse :
(Loi du 18 juillet 1866. Instr. du 31 janvier 1928. Art. 4, n° 227.)

EDITIONS DU TABLEAU FISCAL & JURIDIQUE
65 et 67, Rue de la Victoire — PARIS (IXe)

Page 24.

Dernière ligne : Lire :

... comme exerçant une profession *non* commerciale.

Page 27.

Après le 6° ajouter :

Un comptable qui, conservant sa liberté d'action dans la recherche de la clientèle, organise, suit et vérifie la comptabilité nonobstant la circonstance qu'il rédige, dans quelques occasions, les déclarations fiscales de ses clients et défend leurs intérêts vis-à-vis de l'Administration des contributions directes si ces faits restent isolés et ne présentent pas un caractère habituel. (Arrêt du Conseil d'Etat du 21 février 1938, Req. n° 59.083). Cet arrêt dénote une tendance libérale de la Haute Assemblée à l'égard des contribuables dont il s'agit. (Voir dans *le Tableau fiscal et juridique* de mai 1937 l'étude sur la situation fiscale des comptables et experts comptables.)

Page 27.

Dernier alinéa à placer après le troisième alinéa et à lire d'ailleurs ainsi : « 8°) Un comptable ou expert-comptable... » au lieu de : « Pour un comptable non expert... »

Page 28.

N° 23. — Dernière ligne, lire :

« sur les bénéfices commerciaux », au lieu de : « sur les bénéfices non commerciaux ».

Page 30.

N° 26. — Troisième alinéa : La première phrase de cet alinéa est à remplacer par celle-ci :

« Il est donc normal qu'ils soient rangés dans la cédule des bénéfices non commerciaux. »

Page 34.

A la fin du n° 33, ajouter :

D'une étude d'ensemble effectuée par l'Administration des contributions directes en 1938 sur la question des hommes de lettres qui collaborent à des journaux, périodiques ou revues — étude analysée en détail sur « Le Tableau Fiscal et Juridique » de janvier 1939, pages 23 à 25 — il résulte que les contribuables de cette catégorie sont passibles de notre impôt :

a) Lorsqu'ils offrent leur production aux directeurs de journaux ou de revues et en obtiennent l'insertion.

b) Lorsqu'ils fournissent à un directeur de journal ou de revue une œuvre que ce dernier leur a commandée mais qu'ils s'en réservent formellement le droit de reproduction ou de propriété littéraire.

Page 41.

Après le 1ᵉʳ alinéa, ajouter :

Commissaires d'avaries de navires. — D'après un arrêt du Conseil d'Etat du 8 juin 1937 (Requête n° 50.967), est passible de notre impôt le

[illegible]

[illegible]
[illegible]
[illegible]
[illegible]
[illegible]

[illegible]
[illegible]

[illegible]

contribuable dont la profession consiste à constater ou à faire constater les sinistres et avaries survenues aux navires; qui prend dans certains cas les dispositions nécessaires à la sauvegarde des intérêts des compagnies d'assurances sans s'immiscer dans les règlements de ces affaires et dont l'intervention est rémunérée par des honoraires calculés proportionnellement au temps exigé par le travail demandé et à la difficulté de ce travail.

Page 41.

N° 50. — Après le cinquième alinéa, ajouter :
Toutefois, depuis le 1er janvier 1935 et par application de l'artice 3 du Code Général des Impôts directs, les sociétés à responsabilité limitée sont imposables à la cédule des bénéfices industriels et commerciaux, quel que soit leur objet.

Page 42.

Après le n° 51, ajouter :
Courses. — 51 *bis* : Un arrêt du Conseil d'Etat du 27 décembre 1987 (Requête n° 44.644) décide que le contribuable dont le revenu a été *intégralement constitué* par les gains qu'il a réalisés aux courses est passible de l'impôt sur les bénéfices des professions non commerciales.

Page 54.

Après le 3e alinéa, ajouter :
Il a été jugé également (Arrêt du Conseil d'Etat du 11 juillet 1938, requête n° 60.118), que le médecin attaché à un laboratoire en qualité de *conseiller médical* dont les honoraires sont calculés proportionnellement au chiffre d'affaires réalisé par le laboratoire est passible de notre impôt à raison de ces honoraires, s'il n'établit pas qu'ils ont, eu égard aux conditions dans lesquelles il exerce son activité (jours et heures fixes, liens de subordination, etc.), le caractère d'un traitement.

Page 61.

Après le sixième alinéa, ajouter :
L'attitude libérale de l'administration qui a étendu aux sociétés de personnes le bénéfice de l'article 66 de la loi du 16 avril 1930, n'a pas été suivie par le Conseil d'Etat qui, non seulement a refusé d'appliquer l'article 66 aux sociétés à responsabilité limitée (antérieurement à la législation du Code général des Impôts directs qui a donné le caractère commercial à cette forme de sociétés) mais a, de plus, spécifié « qu'aucune disposition de loi n'a étendu aux sociétés l'exemption prévue en faveur des voyageurs, représentants ou placiers de commerce ou d'industrie ». (Arrêt du 31 mars 1933, S. A. R. L. Chabanon, Burkel et Chotard, Nord, R. O. 16e vol. fasc. A. Som. 8).

Page 63.

A la fin du n° 97, ajouter :
Par analogie avec les médecins tenant une maison de santé, les sages-femmes tenant une maison d'accouchement sont imposables, pour la totalité de leurs bénéfices, à la cédule commerciale, si les recettes provenant

des fournitures hôtelières sont supérieures à celles provenant de l'exercice de leur art, par application de l'article 100 du Code Général des Impôts Directs dont les dispositions s'appliquent depuis le 1er janvier 1935.

Page 76.

Remplacer la première phrase du n° 120 par le texte suivant :

On doit admettre pareillement que, par extension de la règle qui était applicable dans le cas de vente de fonds de commerce sous la législation antérieure à celle du décret du 27 décembre 1934 (Code Général des Impôts Directs), le gain réalisé par la cession d'un office ou d'une charge ne doit pas rentrer dans les recettes imposables.

Depuis le 1er janvier 1935, les plus-values réalisées hors de la cession des éléments incorporels d'un fonds de commerce sont assujetties à l'impôt commercial; rien de semblable n'a été établi par le législateur en matière de bénéfices non commerciaux.

Page 85.

Après la phrase du cinquième alinéa ainsi conçue : « Les intérêts d'une dette hypothécaire, la taxe sur les chiens »; *ajouter :*

Les intérêts d'une dette hypothécaire ne pouvaient, sous la législation antérieure à celle du 20 juillet 1934, être déduits des recettes non commerciales du fait que le législateur avait prévu, d'autre part, une réduction d'impôt foncier (part de l'Etat) égale aux intérêts de la créance. A partir du 1er janvier 1935, les réductions d'impôts fonciers pour dettes hypothécaires ayant été supprimées, les intérêts des dettes de cette nature sont déductibles des recettes non commerciales si lesdites dettes ont bien été contractées pour les besoins de la profession.

C'est d'ailleurs ce qui résulte nettement de la circulaire administrative n° 2080, page 179, troisième alinéa.

La loi de finances du 31 décembre 1935 a bien, par son article 6, rétabli les dégrèvements d'impôt foncier pour dettes hypothécaires mais elle les a limités aux dettes contractées pour l'acquisition, la construction, la réparation ou l'amélioration des immeubles hypothéqués.

Par suite, à partir du 1er janvier 1936, les intérêts d'une dette hypothécaire contractée pour les besoins d'une profession non commerciale ne seront déductibles des recettes de cette profession qu'autant et dans la limite où ils n'auront pas donné lieu à des réductions d'impôt foncier par application de l'article 6 de la loi du 31 décembre 1935 précitée.

Page 86.

Après le sixième alinéa, ajouter :

Depuis le 1er janvier 1935 aucune prime d'assurance-vie ou d'assurance retraite n'est déductible, le Code Général des Impôts Directs n'ayant pas repris les dispositions de l'ancienne législation qui autorisaient la déduction des primes versées par les contribuables relevant de la cédule non commerciale en vue de la constitution d'une pension ou d'une retraite.

Page 97.

Ajouter après le n° 154 :

154 bis. — En ce qui concerne les produits des droits d'auteur perçus par les écrivains, ils sont passibles de la retenue à la source prévue par

l'artice 95 du Code général des Impôts Directs, dès l'instant où ils sont réalisés en France, c'est-à-dire au sens des dispositions légales, lorsqu'ils sont *payés par une personne ou un établissement installé en France.*

Il s'ensuit qu'un écrivain étranger qui rédige un ouvrage à l'étranger mais qu'il fait éditer en France, doit supporter la retenue à la source sur le montant des droits d'auteur payés par son éditeur français (solution administrative du 6 juillet 1938).

154 ter. — *Contribution nationale extraordinaire de 2 %* : En ce qui concerne les personnes exerçant une activité en France sans y posséder d'installation professionnelle et soumises à l'impôt des professions non commerciales dans les conditions ci-dessus (retenue à la source), la contribution nationale extraordinaire de 2 % créée par l'article 1er du décret-loi du 12 novembre 1938 (voir plus loin, page 168), est retenue ou perçue sur les *revenus acquis à partir du 1er janvier 1939* en même temps que ledit impôt et d'après les mêmes bases. Elle est versée au Trésor suivant les mêmes modalités (Décret-loi du 12 novembre 1938, art. 4).

Page 104.

Après le texte de cette page, ajouter :

154 quater. — Convention franco-américaine. — Une convention destinée à éviter les doubles impositions a été signée à Paris, le 27 avril 1932, entre la France et les Etats-Unis d'Amérique. Rendue exécutoire par décret du 1er octobre 1935 (*J. O.* du 2 octobre), cette convention est entrée en vigueur le 1er janvier 1936. Les dispositions de l'article 9 visent l'impôt sur les bénéfices des professions non commerciales. Cet article exempte de l'impôt en France :

a) Les redevances versées en contre-partie du droit d'utiliser des brevets, procédés et formules, secrets, marques de fabriques et autres droits analogues.

b) Les revenus perçus comme droits d'auteur payés en France à une société créée ou organisée aux Etats-Unis, ou à un citoyen américain résidant aux Etats-Unis.

154 quinquies. — Convention franco-allemande. — Une convention a été signée le 9 novembre 1934 entre la France et l'Allemagne, en vue d'éviter les doubles impositions et d'établir des règles d'assistance administrative réciproque en matière d'impôts directs. Cette convention n'ayant pas encore été ratifiée, la date de sa mise en vigueur n'est pas fixée. Toutefois, l'Administration française a prescrit de faire application de ses dispositions pour l'instruction des demandes de dégrèvement présentées par des contribuables qui s'estimeraient fondés à en revendiquer le bénéfice (*Bulletin Officiel des Contributions Directes* 1935, deuxième partie, p. 333 et 334). En matière d'impôt sur les bénéfices non commerciaux, l'article 6 de la convention dispose que les impôts prélevés sur les revenus du travail, y compris ceux provenant de l'exercice de *professions libérales*, ne seront prélevés que dans l'Etat où s'exerce l'activité personnelle, source des revenus ; il précise d'ailleurs qu'il n'y a exercice d'une profession libérale dans l'un des deux Etats contractants que si l'activité professionnelle a *un point d'attache fixe dans cet Etat.*

Quant aux revenus des autres professions passibles de l'impôt, ils ne seront imposés en France que si l'entreprise y possède son siège d'ex-

ploitation, c'est-à-dire une installation permanente dans laquelle l'activité de l'entreprise s'exerce en tout ou partie.

154 sexies.

Convention franco-suédoise. — Une convention, dans le même sens que les deux précédentes, a été signée le 24 décembre 1936 entre la France et la Suède. Son article 6 dispose que les impôts prélevés sur les revenus du travail, y compris ceux provenant de l'exercice de professions libérales, ne seront prélevés que dans l'Etat où s'exerce l'activité personnelle, source de ces revenus. Cet article précise d'ailleurs qu'il n'y a exercice d'une profession libérale dans l'un des deux Etats contractants que si l'activité professionnelle a un *point d'attache fixe dans cet Etat.*

Toutefois, l'article 7 de la convention ajoute que ne seront perçus que dans l'Etat débiteur, les impôts portant sur les revenus alloués par l'Etat, les provinces, les départements, les communes ou toutes autres personnes morales de droit public régulièrement constituées suivant la législation interne des Etats contractants, en vertu d'une prestation de services ou de travail, sous forme de traitements, salaires ou autres émoluments.

Il est en outre précisé que pour l'application de la dite convention, le domicile fiscal des personnes physiques est au lieu de leur résidence normale entendue dans le sens de foyer permanent d'habitation.

Si un contribuable ne possède de résidence normale ainsi définie dans aucun des deux Etats, il est réputé avoir son domicile dans celui de ces Etats où il fait son séjour principal, ou à défaut, dans celui dont il a la nationalité.

D'après la convention, le domicile fiscal des personnes morales se trouve au lieu de leur siège social effectif.

Page 109.

Remplacer le premier alinéa du n° 156 par le texte suivant :

La déclaration est donc annuelle. En aucun cas, elle ne saurait être valable pour l'année suivante comme cela se passait en matière d'impôt général sur le revenu, *sous la législation antérieure à 1926,* pour l'assiette duquel le contribuable qui ne renouvelait pas sa déclaration était considéré comme ayant maintenu celle de l'année précédente. Le Conseil d'Etat a même jugé qu'une imposition faite d'office, d'après les données de la déclaration de l'année précédente, était entachée d'irrégularité (2).

Page 115.

A la fin du n° 184, ajouter :

...du moins en ce qui concerne les contribuables taxés d'après le chiffre de leur bénéfice réel.

Page 127.

A la fin du n° 235, ajouter :

L'article 32 de la loi du 31 décembre 1936 portant réforme fiscale, a substitué, à compter du 1er janvier 1937, à la commission de taxation existant dans chaque arrondissement, une commission de taxation siégeant au chef-lieu de chaque département. Sa composition n'a pas été modifiée et reste celle prévue par l'article 87 du Code Général des Impôts Directs.

Par contre, l'article 32 de la loi du 31 décembre 1936 précitée, prévoit que la commission peut se diviser en sections, chacune de ces sections étant présidée par le président de la commission ou par un juge désigné pour le suppléer. Les sections connaissent des affaires qui leur sont renvoyées par le président de la commission. Les conditions de fonctionnement de celle-ci n'ont pas été modifiées et sont applicables désormais au fonctionnement des sections de la commission.

Page 129.

A la fin du n° 242, ajouter :

A partir du 1er janvier 1937 et par application de l'article 33 de la loi du 31 décembre 1936 portant réforme fiscale qui a abrogé le deuxième alinéa de l'article 93 du Code Général des Impôts Directs. les officiers publics ou ministériels, astreints par les règlements à la tenue d'une comptabilité, seront tenus de représenter, à toute réquisition du contrôleur, toute leur comptabilité, y compris les comptes de leurs clients.

Page 131.

N° 245. — Supprimer les deux dernières lignes du troisième alinéa et les remplacer par :

... soient inscrites également. pourvu qu'elles soient mentionnées dans une colonne distincte.

Page 132.

Après le premier alinéa du n° 247, ajouter :

Ainsi qu'il a été dit plus haut, les notaires étant des officiers ministériels devront, à partir du 1er janvier 1937, présenter toute la comptabilité.

Page 133.

Après le n° 248, ajouter :

Valeur probante du livre-journal.

248 bis. — Le contribuable taxé d'office doit apporter devant la juridiction contentieuse la preuve du chiffre exact de son bénéfice (voir plus loin n° 300). Mais la production du livre-journal. dont la tenue est obligatoire en vertu de l'article 92 du Code Général, ne constitue pas par elle-même, la preuve des résultats que ce document fait apparaître et le contribuable doit fournir à l'appui des mentions qui y figurent tous les renseignements de nature à établir le chiffre exact de son bénéfice. (Voir notamment arrêt du Conseil d'Etat du 14 mars 1938, Requête n° 59.278).

Page 142.

A la fin du n° 263, ajouter :

Le taux de 12 % a été maintenu jusqu'à l'année 1937 inclusivement par les lois de finances des 31 décembre 1935 et 31 décembre 1936: il a été porté à 15,12 % pour 1938 par la combinaison des décrets-lois des 8 juillet 1937 et 2 mai 1938.

Il est actuellement (1939) de 16 % (décret-loi du 12 novembre 1938).

Page 142.

Remplacer le texte du n° 265 comme suit :

Pour les bénéfices supérieurs à 10.000 francs, le montant de l'impôt s'obtient en appliquant le taux dudit impôt au bénéfice total, toute fraction de celui-ci inférieure à 100 francs étant négligée.

Page 144.

Ajouter à la fin du n° 271 :

Pour l'exercice 1939, en même temps qu'il a porté à 16 % le taux de l'impôt, le décret-loi du 12 novembre 1938 (art. 10) a fixé à 1.000 francs par enfant à charge le maximum des réductions applicables.

Page 149.

Après le n° 292, ajouter :

A la suite d'un important arrêt du Conseil d'Etat du 21 novembre 1938 (Requête n° 62.757) l'Administration a précisé (Recueil officiel de Jurisprudence, sommaire n° 8 de 1938, page II) que lorsqu'un contribuable dispose à la fois d'un traitement ou d'un salaire et de revenus provenant d'une profession non commerciale, il convient en cas de désaccord au sujet de la répartition des dépenses communes aux deux catégories de revenus, de faire déterminer par la commission de taxation les dépenses propres à la profession non commerciale. Les frais de la fonction salariée sont alors déterminés par simple différence.

Il est évident que ce mode de procéder — outre qu'il est strictement conforme à la loi — est le seul qui soit équitable, car il permet d'assurer le jeu normal de l'article 101 du Code général (voir ci-dessus), en empêchant de rejeter sur les revenus non commerciaux une partie des dépenses propres aux traitements et salaires.

Page 153.

Remplacer le n° 300 par le texte suivant :

La taxation d'office est une mesure de rigueur. Elle ne pouvait avoir lieu jusqu'au 1er janvier 1935 qu'après une mise en demeure faite au contribuable d'avoir à fournir sa déclaration dans un délai de vingt jours. Cette mise en demeure qui s'effectuait par lettre recommandée était obligatoire (2).

A partir du 1er janvier 1935 cette mise en demeure préalable a été supprimée (Art. 91 du Code Général des Impôts Directs).

La taxation d'office prive le contribuable des avantages de la procédure contradictoire. L'imposition peut être faite sans recours à la commission. Le contribuable est porté au rôle sans que lui ait été préalablement notifié le montant du bénéfice servant de base à l'impôt. Enfin, le montant de l'imposition est majoré de 25 %, (50 % sous la législation antérieure à celle du Code Général).

En cas de réclamation, le contribuable qui a été régulièrement taxé d'office ne peut obtenir une réduction de son imposition qu'en apportant toutes justifications de nature à établir le montant exact de son bénéfice (3).

Page 155.

Exemples fictifs. — N° 308 : Remplacer les deux dernières lignes par le texte suivant :

Or, ainsi qu'il a été indiqué page 144, le montant total des réductions ne peut excéder 800 francs par enfant à charge (Art. 102 du Code Général). En l'espèce, la réduction maxima sera de : $800 \times 3 = 2.400$ francs.
La somme à payer sera de : $10.524 - 2.400 = 8.124$ francs.

Page 156.

N° 310. — *3e exemple*, lire : soit un notaire... au lieu de « soit un contribuable »...

Page 157.

A la fin de cette page, indiquer :

NOTA : Pour le calcul de l'impôt à payer en 1939 d'après les bases des exemples fictifs ci-dessus, il y aurait à tenir compte :
a) De ce que le taux de l'impôt est pour cette même année de 16 % (au lieu de 12 %).
b) De ce que le maximum de réduction par enfant à charge a été porté pour le même exercice à 1.000 francs (au lieu de 800).

Page 161.

N° 311. — *Remplacer le texte de ce numéro par celui-ci :*

Réception de déclarations. — Dès qu'une déclaration de revenus imposables au titre des professions non commerciales lui est adressée par la poste ou remise en mains propres, le contrôleur en accuse réception au moyen d'un imprimé spécial n° 1001.
La déclaration est ensuite annotée de la date de sa réception et de celle de l'envoi ou de la remise du récépissé.
Avant 1935, les contribuables qui n'avaient pas souscrit de déclaration dans le délai légal des deux premiers mois de l'année, étaient mis en demeure de le faire au moyen d'un imprimé N° 1.028.
Ainsi qu'on l'a vu plus haut, cette formalité est supprimée à partir de 1935.

Page 168.

Après le texte de cette page, ajouter :

Enfin l'article 63 de la loi du 31 décembre 1936, portant réforme fiscale, a également prévu des matières d'amnistie en matière d'impôts cédulaires, d'impôt général et même de taxe sur le chiffre d'affaires ou de taxes uniques.
L'article 63 s'exprime d'ailleurs en termes analogues à ceux de l'article 7 de la loi du 23 décembre 1933 cités ci-dessus en ce qui concerne les impôts sur le revenu. Toutefois, le délai de réparation des omissions ou insuffisance de déclaration qui était de trois mois sous l'empire de la loi de 1933 a été fixé à un mois seulement par la loi du 31 décembre 1936; il a donc expiré le 1er février 1937.

Bien entendu, l'amnistie ne porte que sur les *pénalités fiscales* et les *poursuites correctionnelles*. Les droits simples afférents aux années écoulées peuvent être mis en recouvrement dans les limites de la prescription.

L'exemption des pénalités sera retirée aux contribuables dont les déclarations, souscrites à la faveur de l'amnistie, auront été reconnues insuffisantes ou qui n'auront pas acquitté les cotisations correspondantes dans les deux mois de la mise en recouvrement des rôles (Art. 63 précité, deuxième alinéa).

Enfin, un décret-loi du 12 novembre 1938 a également prévu des mesures analogues d'amnistie pour tous les contribuables qui auraient réparé les omissions ou insuffisances de déclaration avant le 16 décembre 1938.

Page 168.

Après cette page, ajouter : Chapitre VII.

Contribution nationale extraordinaire.

324. — L'article 1er du décret-loi du 12 novembre 1938 a institué une contribution nationale extraordiaire pour l'année 1939, portant sur les divers revenus professionnels. A ce titre, les bénéfices des professions non commerciales sont atteints par cette contribution dont le taux est de 2 %. Celle-ci est établie, par voie de rôles, d'après les bénéfices servant de base à l'impôt cédulaire. Les contribuables exerçant une *profession libérale* dont les bénéfices, sont exempts de l'impôt cédulaire comme n'atteignant pas 10.000 fr., sont astreints, pour l'assiette de la contribution nationale, à produire la déclaration prévue à l'article 84 du Code Général.

Ils sont, pour cette déclaration, soumis aux dispositions des articles 86 à 91 du même Code (voir ci-dessus, n° 294 et suivants).

Toutefois, l'article 6 de la loi du 31 décembre 1938 a apporté au texte primitif du décret-loi du 11 novembre précédent des modifications ayant pour objet d'affranchir de la contribution nationale extraordinaire les contribuables n'ayant que des revenus professionnels très modestes.

Bien que le texte légal ne vise pas les bénéfices des professions non commerciales, l'Administration a admis que *l'exonération des revenus n'excédant pas 6.000 fr.* (ou 8.000 fr. pour les contribuables qui ont deux enfants à charge, cette somme étant augmentée de 2.000 fr. par enfant à charge supplémentaire), s'étend aux revenus de cette catégorie.

Par conséquent, les contribuables dont le bénéfice net professionnel est resté inférieur à ces chiffres, sont dispensés en tout état de cause, de souscrire une déclaration.